AF302528

PREPARA LA LLEGADA DE TU BEBÉ

Las claves para darle la bienvenida al nuevo miembro de la familia

Por Dominique van der Kaa
Traducido por Laura Soler Pinson

Salud y bienestar **50MINUTOS.es**

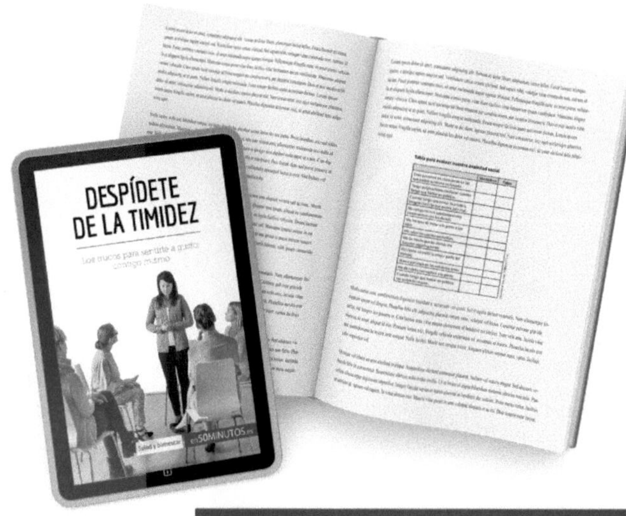

50MINUTOS.es

SI TU VIDA ES UNA MONTAÑA RUSA,
¡DISFRUTA DEL VIAJE!

DESPÍDETE DE LA TIMIDEZ

Domina tus celos

Aprende a quererte

Logra que tu hijo se divierta aprendiendo

Aprende a aceptar a los demás

www.50minutos.es

CÓMO DAR LA BIENVENIDA A TU BEBÉ

- **¿Problemática?** Por fin estás embarazada y completamente feliz por ese bebé que está por llegar. A pesar de todo, surgen las preocupaciones y se amontonan las preguntas: ¿cómo voy a hacer para dar la bienvenida en casa a ese niño? ¿Qué hay que preparar antes de que llegue para que se sienta bien en la familia? ¿Cómo me organizaré cuando esté aquí?
- **¿Meta?** Aunque este libro se dirige ante todo a la futura mamá, su objetivo es ayudar a ambos progenitores a preparar material y psicológicamente la llegada de su bebé para darle la bienvenida en las mejores condiciones.
- **¿Preguntas frecuentes?**
  - ¿Cuándo le comunico a mi jefe que estoy embarazada?
  - ¿Cómo elijo a mi pediatra?
  - ¿Cuándo matriculo a mi bebé en la guardería?
  - ¿Cómo supero la tristeza posparto?
  - ¿Cómo me organizo si tengo gemelos?

- ¿Qué pasará si mi bebé es prematuro?
- ¿Cuáles son las vacunas obligatorias para los bebés?
- ¿Cómo preparo a los hermanos y hermanas para la llegada del bebé?
- ¿Cómo preparo a mi perro para la llegada del bebé?

Dar la bienvenida al bebé ya es ofrecerle un embarazo lleno de amor y de benevolencia. También es anticipar sus futuras necesidades para prepararse correctamente ante esta extraordinaria aventura que supone la llegada de un niño en una pareja o en una familia. Así, en esta obra, los futuros padres encontrarán toda una serie de consejos para ayudarlos a organizar su vivienda, prever todo lo que será necesario para el recién nacido y vivir lo mejor posible la fase de embarazo, con el objetivo de estar preparados psicológicamente para brindar al bebé su tiempo y su atención. También intentaremos aportar algunas respuestas a las preguntas que, a menudo, surgen las semanas anteriores y posteriores al nacimiento.

VIVIR EL EMBARAZO Y PREPARAR EL PARTO

ANTE TODO, EL BIENESTAR

Aunque el embarazo no es una enfermedad, en cuanto se confirma, se aconseja a la mujer que espera un bebé que acuda a un ginecólogo para que le realice un seguimiento. La felicidad de tu bebé empieza con tu bienestar. Cuídate: lleva una alimentación equilibrada, no te pases con las grasas, con los dulces y con las bebidas azucaradas para evitar engordar de manera excesiva, y bebe un litro y medio de agua al día. Con respecto a las actividades físicas, opta por caminar, la natación, la gimnasia acuática, la gimnasia especial para embarazadas y deja a un lado los deportes más duros. Disminuye el ritmo todo lo que puedas en el trabajo, en tus desplazamientos y en tus salidas.

El otro futuro progenitor también debe encontrar su lugar en esta aventura. Él también sufre angustias. Pregúntale si desea acompañarte a las consultas prenatales, a ciertas clases de preparación al parto. Por supuesto, ambos os comprometeréis en la preparación de la habitación, pero no os paréis en este punto: leed juntos libros que expliquen el embarazo y el parto, y aquellos que hablan de los primeros cuidados y rutinas que debéis efectuar con el bebé, etc.

Algunas salas de maternidad ofrecen cursos de preparación al parto. Estas clases proponen sesiones de información sobre el embarazo, el desarrollo del parto y la fase posnatal. Así, contribuyen a que la futura mamá —y, eventualmente, su pareja— disminuya la angustia de la parte desconocida del parto. Allí aprenderás algunos ejercicios musculares y respiratorios que podrás practicar en casa y que te ayudarán a lo largo de todo el embarazo y del parto. Estas clases son colectivas y distendidas. En ese espacio, los futuros padres obtienen respuestas a sus preguntas, conocen a otras parejas que esperan un bebé y, de esta manera, pueden crear vínculos y una cierta complicidad con ellos. También ganaréis confianza en cuanto a vuestra capacidad para convertiros en padres.

La sofrología, el yoga, la preparación acuática, el canto prenatal, la haptonomía, etc. son otras posibilidades, en función de tu temperamento o de tus deseos. Estos métodos proponen distintas herramientas para que tomes conciencia de tu cuerpo y de sus tensiones. Establecen una sensación de bienestar y de relajación muscular, a la vez que ofrecen un momento único de contacto y de interacción con el bebé que está por nacer.

Además, para sentirte bien en tu mente y en tu cuerpo, puedes llevar a cabo en casa una gimnasia suave y unos sencillos ejercicios de respiración. Antes de practicarlos, habla con tu ginecólogo durante una visita para asegurarte de que no existen contraindicaciones. Durante los ejercicios, no fuerces jamás y no bloquees tu respiración.

Sugerencias de ejercicios muy suaves	
Ejercicios de respiración	**Ejercicios de gimnasia**
• Respira profundamente durante unos diez minutos. Cuanto más amplios sean tus movimientos, más actúan sobre los músculos. • Inspira, hincha tu vientre, y a continuación espira lentamente, metiendo el vientre suavemente. • Ponte a cuatro patas con las piernas ligeramente separadas, con los brazos tendidos, las manos contra el suelo y la espalda bien recta. Inspira y, después, redondea tu espalda mientras espiras. Repite el ejercicio de cinco a diez veces.	• Acuéstate boca arriba en el suelo, con los brazos pegados al cuerpo, las rodillas flexionadas y las plantas de los pies apoyadas en el suelo. Levanta ambos pies y bájalos. Repite cinco veces. • Siéntate con las piernas cruzadas y con la espalda bien recta, empuja ligeramente las rodillas hacia abajo con tus manos, mientras espiras. Repite cinco veces.

PREPARAR LA ESTANCIA EN EL HOSPITAL

No tardes tampoco en elegir tu sala de maternidad. Esta debe ser capaz de ofrecerte no solo un equipo obstétrico, sino también una acogida personalizada a escala humana, así como un cierto confort «hotelero». El boca a boca podrá ayudarte a decidir, pero si ya tienes un ginecólogo-obstetra, lo normal será que haga un seguimiento de tu embarazo y, seguramente, te propondrá la sala de maternidad donde trabaja o una sala de maternidad con un departamento de neonatología en el caso de que haya un problema durante el parto.

Piensa que, a veces, es necesario pedir plaza con tiempo en algunas salas de maternidad. Cuando lo hagas, no dudes en pedir que te enseñen el departamento y aprender cómo funciona (técnicas de parto, presencia o no de un pediatra, etc.).

¿Sabías que...?

Si decides dar a luz en casa, tendrás que pensar en una solución si surge un problema.

No esperes hasta las primeras contracciones para preparar la bolsa que te llevarás al hospital. Lo ideal es hacerla un mes antes de la fecha prevista para el parto. La mayoría de las salas de maternidad proporcionan una lista de material útil para la madre y su bebé. También puedes elaborar otra pequeña lista con tu pareja para aseguraros de que no os olvidáis nada. Por otra parte, organizaos con las distintas tareas para quitaros un poco de peso de encima durante las primeras semanas después de volver de la sala de maternidad: pedid ayuda a la familia y a los amigos, llenad el congelador antes de marcharos, constituid una reserva de productos higiénicos, de pañales, etc.

PREPARAR EL UNIVERSO DEL BEBÉ

Para dar la bienvenida al bebé en casa, intenta crear un lugar cálido donde se sentirá bien, que podrá estimular su autonomía e invitarlo a estimularse en un ambiente completamente seguro. Es necesario que este entorno le despierte las ganas de descubrir lo que le rodea y de interesarse por ello.

Lo ideal es prepararlo todo bien antes del parto. Esto no solo te ayudará a estar disponible y a poder dedicarle toda tu atención al lactante, sino que también te permitirá ventilar durante un tiempo (mínimo un mes) la habitación y los muebles comprados antes de la llegada de tu bebé. Así, limitarás los efectos de los posibles contaminantes empleados para su fabricación.

Podrás escoger entre material nuevo o de segunda mano, pero sea como sea, ese material tendrá que garantizar la comodidad de tu hijo y adaptarse a su edad, a su salud (¡cuidado con las pinturas tóxicas!) y a su seguridad. Así, opta por juegos con normas europeas o españolas. Aprende a manipular cualquier equipamiento nuevo antes de poner en él a tu hijo y comprueba con regularidad su buen estado. Obviamente, también tienes que buscar objetos que te gusten y que respondan a tus propias necesidades (comodidad de uso, presupuesto, espacio disponible en la vivienda, etc.). En particular, has de saber que existen muebles evolutivos que te ayudarán a no arruinarte con el mobiliario.

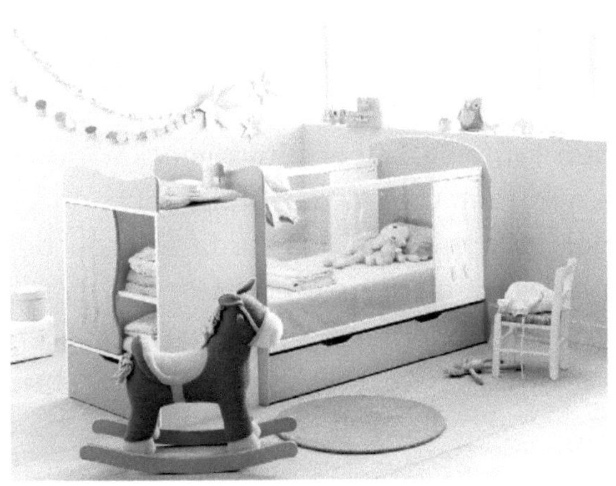

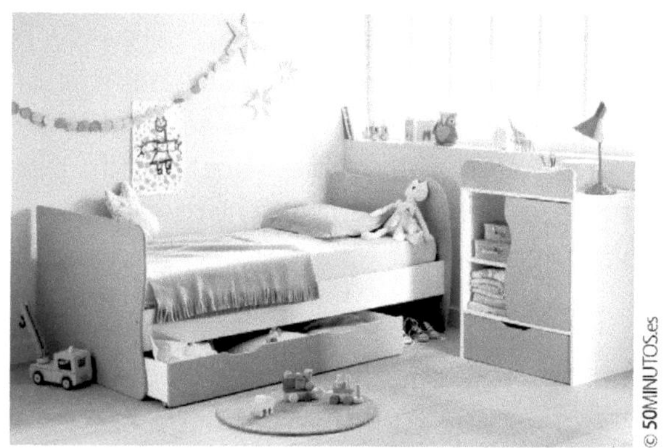

| Cama evolutiva.

LA HABITACIÓN

Disposición del cuarto

El bebé pasará mucho tiempo en él y, en seguida, la habitación se convertirá en su territorio. Por lo tanto, es fundamental que este cuarto contenga todo aquello que necesite desde su llegada a la vivienda.

de seguridad. Así, reflexiona acerca de la disposición y del orden de la habitación para que pueda adecuarse a su evolución. Un entorno bonito y bien organizado permitirá que tu bebé adquiera autonomía más rápidamente.

Elige un cuarto tranquilo y, si es posible, mirando al jardín para que tu lactante pueda escuchar el canto de los pájaros, el murmullo de las hojas mecidas por el viento, etc. La temperatura ideal de la habitación será de entre 18 y 20° C. Crea un ambiente tranquilo y relajante optando por muros lisos en tonos pastel. Puedes escoger un techo blanco roto que garantizará una luz más cálida. No recargues los muros con decoración; elige más bien algunos objetos que llamen la atención de tu hijo, asegurándote de que se adapten a su edad y a su desarrollo. Si es posible, evita la moqueta en el suelo, ya que es un auténtico nido de ácaros, así como el embaldosado, que es frío para los pies y duro si se produce una caída. Opta por el linóleo o por un parqué de imitación estratificado y fácil de limpiar.

Por otra parte, intenta erradicar todos los peligros con bastante rapidez colocando protecciones en los enchufes, rellenos especiales para las esquinas de los muebles, cuñas para bloquear las puertas, etc. Otra precaución útil: no sitúes ningún mueble bajo las ventanas para evitar accidentes en caso de que el niño se suba a ellos.

Si puedes, organiza la habitación en cuatro áreas distintas: un espacio para dormir, un rincón para cambiar a tu bebé, asearlo y vestirlo, un lugar para alimentarlo y una zona para jugar. Por supuesto, el rincón del aseo puede situarse en el baño y puedes alimentar a tu bebé en tu habitación o en el salón. Igualmente, la zona para jugar puede estar en otra parte, en vez de en el cuarto.

Lo fundamental

Tendrás que colocar la cama a resguardo de las corrientes de aire. Para encontrar un buen sitio donde ponerla, no dudes en acostarte en ese lugar. Así, podrás evaluar mejor la luz del día o la iluminación que caerá sobre la cara de tu bebé. También descubrirás lo que verá cuando se despierte.

La cuna y la cuna colecho (abierta por un lado, lo que permite pegarla a tu propia cama) puede servir hasta los 6 meses, es decir, hasta el momento en el que tu bebé intentará sentarse solo. Si optas por una colecho, intenta que el colchón de la cuna esté al mismo nivel que el tuyo. Las barras de esta camita no deben estar separadas entre sí más de 6 centímetros.

| Cama colecho.

Por su parte, la cuna puede servir hasta los 3 años. De nuevo, hay que escoger unas barras que tengan una separación de menos de 6 centímetros. Existen cunas con un fondo móvil que permiten adaptar la altura de la cama. Además, para las salidas ocasionales, existen camas de viaje plegables y transportables.

Para cada modelo de cama o de cuna, asegúrate de que los protectores de cuna estén fijados correctamente, situando los enganches en el exterior de la cama para evitar cualquier peligro. Comprueba igualmente las dimensiones del colchón, que deben adaptarse estrictamente a las de la cama. El colchón debe ser firme para evitar un peligro de asfixia. Estará recubierto por una funda protectora de algodón gruesa y una sábana clara, ya que son más adecuadas para la relajación y el sueño que las sábanas de colores vivos. Por encima, puedes poner una sábana de algodón más pequeña (60 x 80 centímetros) que resultará más fácil de cambiar. Prevé un número suficiente de sábanas para poder cambiarlas con frecuencia sin tener que encadenar las coladas.

Para alejar el riesgo de muerte súbita del lactante, no utilices almohada y edredón hasta los 18 meses, ya que el bebé puede sufrir hipertermia (ya que todavía no regula su temperatura corporal) y puede asfixiarse si queda cubierto y no puede destaparse. Opta por el uso de un saco de dormir (especie de bolsa acolchada, lavable, cuya parte de arriba deja los hombros al aire libre) o por un sobrepijama (mono que se coloca por encima del pijama). Si utilizas una manta, nunca debes remeterla.

| Sobrepijama.

Para completar el rincón de dormir, dispón una lámpara de mesa y coloca un móvil de cuna por encima de la cama, a unos treinta centímetros de los ojos del recién nacido, ya que su campo visual es limitado cuando nace.

También necesitarás un vigilabebés. La elección del modelo dependerá de tus necesidades: existen unos más grandes y otros más pequeños, más o menos fáciles de transportar; algunos se enchufan a la corriente, mientras que otros funcionan con pilas o con una batería recargable; encontrarás modelos de audio o vídeo; los indicadores pueden ser sonoros y/o luminosos, etc. Sitúa el vigilabebés preferiblemente a un metro de la cama o, incluso, más lejos y elige un modelo de baja frecuencia o de poca potencia para que tu niño reciba la menor cantidad de ondas electromagnéticas posible. No te apoyes por completo en ese aparato, que puede averiarse o estar desajustado, y estate siempre atento. Por supuesto, apágalo cuando no lo utilices.

CUANDO TU BEBÉ LLEGUE

- Acuéstalo siempre boca arriba. ¿Por qué? Porque esta postura facilita la respiración, ayuda al pequeño a regular su temperatura y evita ciertos casos de asfixia (vías respiratorias obstruidas por el colchón o por el borde de la cama, por ejemplo).
- En la cama, evita la presencia de peluches, juegos y objetos con cuerdas, como los baberos, los sujetachupetes o las cajas de música.
- Ventila la habitación cada día, incluso en

invierno: si creas una corriente de aire, bastan entre uno y tres minutos para mejorar la calidad del aire.

- Aspira con frecuencia el colchón para reducir la presencia de ácaros.
- Por principio de precaución, evita al máximo exponer el recién nacido a las ondas (teléfono móvil, wifi, vigilabebés), ya que, en la actualidad, los especialistas todavía no se ponen de acuerdo en cuanto a sus posibles riesgos.

Progresivamente, tu bebé descubrirá la alternancia día/noche. Para ayudarlo, haz que duerma durante el día con una luz tenue y a oscuras durante la noche.

EL RINCÓN DEL ASEO

Los cambios de pañal y el baño

Existen cambiadores que van acompañados de una pequeña bañera, que puedes situar sobre tu propia bañera, fijarlos a la pared, etc. Elige uno que con una altura adecuada que resulte cómodo, preferiblemente con bordes para más seguridad, y respeta las instrucciones del fabricante. Si la mesa tiene ruedecillas, bloquéalas cuando la uses. También puedes colocar un colchón cubierto con una toalla suave sobre una mesa estable o una cómoda.

El cambiador tiene que ayudarte a tener todo lo que necesitas al alcance de la mano, sin correr el riesgo de soltar a tu bebé. Así, dispón una papelera con tapa y pedal y bolsas adaptadas, y prevé un número suficiente de pañales que, si es posible, colocarás debajo del cambiador. Además, te resultará muy útil un cesto para la ropa sucia. Justo al lado del cambiador o encima, en una estantería, sitúa en una cesta algunos productos de aseo.

Lista para la zona de aseo
Termómetro de baño
Termómetro corporal
Pequeña esponja natural o un guante de baño
Jabón y champú suave para bebé
Cepillo con cerdas de seda
Crema hidratante y calmante para sus nalgas irritadas
Aceite de almendras dulces
Algodón hidrófilo precortado
Suero fisiológico para limpiar los ojos y la nariz (existen pequeños envases unidosis muy prácticos)
Tijeras para las uñas
Leche corporal especial para bebé (eventualmente)

Para la pequeña bañera de tu niño, opta por un modelo de polipropileno o hecho con material reciclado que minimice los contaminantes. Elígela en función del sitio del que dispones en tu vivienda (bañera colocada sobre la bañera adulta, cambiador con bañera, etc.). Respeta siempre las instrucciones de seguridad. Las bañeras hinchables o plegables solo deben utilizarse ocasionalmente (de viaje, por ejemplo), ya que son inestables, se vacían con dificultad y no se secan fácilmente, lo que favorece la aparición de humedades. Por supuesto, también puedes usar la bañera adulta para asear al bebé, aunque sea menos cómodo para ti. En ese caso, coloca una alfombra de baño antideslizante para que tu bebé no se resbale.

CUANDO TU BEBÉ LLEGUE

- Comprueba siempre la temperatura del agua antes de bañar a tu recién nacido, ya sea con un termómetro de baño o sumergiendo tu codo.
- Jamás dejes a tu hijo solo, sin vigilancia.
- Limpia bien todo el material de baño para evitar que le salga moho (juegos, alfombras antideslizantes, bañera, tuberías de evacuación).

El armario

Lista de primeras prendas	
	De 6 a 8 camisitas de algodón que se atan por la espalda o en el vientre con cubrepañales a juego o de 6 a 8 bodis de algodón con aperturas entre las piernas (muy prácticos para que el recién nacido no se vea con el vientre al aire)
	4 o 5 pantalones
	De 6 a 8 camisetas (de manga corta o larga, según la estación de su nacimiento) o camisitas (de lana o de algún material natural, dependiendo de la estación)
	De 6 a 8 pijamas o peleles en forma de monos, de terciopelo esponja, con huecos para los pies
	Algún par de calcetines y de patucos, ya que el recién nacido en seguida tiene frío en los pies
	1 o 2 chaquetas de punto más o menos calientes, según la estación
	1 gorro y 1 mono para las primeras salidas, optando por uno ligero y con un sistema fácil de apertura.

Para guardar la ropa, elige un armario o una cómoda cuyos cajones se abran fácilmente. Coloca allí unos pañales y una pequeña selección de ropa. Para más seguridad, cierra herméticamente la parte baja de la cómoda para que tu hijo no quede atrapado debajo cuando empiece a reptar. Elige ropa cómoda, fácil de poner, hecha con materiales elásticos y naturales. Tienes que pensar que cambiarás a tu recién nacido varias veces al día, ya que puede regurgitar la leche, mojar o manchar sus prendas, etc. Aun así, recuerda que es inútil que compres demasiada ropa para bebé, ya que tu lactante crecerá y engordará muy rápidamente.

EL MOMENTO DE LAS COMIDAS

Escoge un sofá donde te sientas bien para amamantar o dar el biberón a tu lactante y, justo al lado, coloca una mesita con una caja de pañuelos. También puedes instalarte en una silla hamaca colgada del techo. Te mecerá, al igual que calmará a tu bebé, que recordará las sensaciones de la posición fetal.

¿SABÍAS QUE...?

Cuando amamantas o das el biberón a tu bebé, debes saber que es fundamental que lo coloques sucesivamente de un lado y de otro, ya que se trata de un momento en el que puede desarrollar al mismo tiempo su sistema auditivo derecho e izquierdo.

Incluso si piensas darle el pecho, prepara dos o tres biberones: te servirán para darle agua a tu lactante. Si no lo amamantas, dispón ocho.

Existen diferentes modelos, pero, al final, el biberón ideal será el que tu hijo prefiera. En cuanto al material, son preferibles los biberones de cristal para los recién nacidos, ya que no exponen los niños a las sustancias químicas que a veces encontramos en los biberones de plástico. Estos, por su parte, serán más fáciles de agarrar para tu hijo cuando sea más grande, además de ser más ligeros e irrompibles.

Las tetinas podrán ser de silicona o de caucho. Sin embargo, con el uso, las primeras se endurecen y las segundas se vuelven pegajosas; así pues, renuévalas con frecuencia. De hecho, cambia los biberones en cuanto presenten señales de usura.

En paralelo, a veces es necesario el sacaleches para aliviar la tensión de los senos o para extraer leche si el recién nacido está hospitalizado, por ejemplo. Existen modelos manuales para un uso ocasional y otros, eléctricos, para un uso más frecuente. Muy a menudo, estos pueden alquilarse en la sala de maternidad, en la farmacia o a través del seguro médico. Para utilizar correctamente el sacaleches, deja que te aconseje una enfermera u otro especialista del amamantamiento.

Para acabar, también debes disponer de, al menos, una decena de baberos y de un calientabiberones (a menos que decidas utilizar el microondas). No olvides comprobar a cada vez la temperatura de la leche antes de dársela a tu hijo. En nuestra opinión, no es imprescindible un esterilizador si limpias bien los biberones después de cada uso con escobillas adaptadas; si quieres uno, siempre tienes que seguir correctamente las instrucciones. Además, la esterilización en frío es muy fácil de llevar a cabo con pastillas que se venden en farmacia y que se diluyen en agua fría.

EL ESPACIO PARA JUGAR Y EXPLORAR

Prepara un lugar donde tu recién nacido querrá pasar tiempo solo, al tiempo que descubre su entorno, y que despertará su curiosidad con total seguridad. Este espacio de exploración tendrá que poder adaptarse al desarrollo de tu hijo y, evidentemente, tendrá que permitirte vigilarlo. Instala en él tres o cuatro juegos como mucho, ya que es inútil proponerles demasiados a la vez. Elige una alfombra que pondrás en el suelo y que delimitará su espacio, colocada ante un espejo que le dará una visión global del cuarto y le presentará su imagen. Coloca una estantería baja o un cesto por el suelo, donde guardarás los juegos y donde podrá acudir cuando sea más grande para volver a empezar la actividad en solitario.

El parque ofrece al recién nacido un espacio de juego protegido, a la vez que lo aísla del frío del suelo y lo protege de los animales domésticos. Algunos parques tienen un fondo con altura regulable que podrás adaptar dependiendo de la fase de desarrollo de tu bebé. En cualquier caso, intenta elegir un parque que tenga un espacio entre las barras de entre 4,5 y 6,5 centímetros.

La hamaca solo debe utilizarse para periodos cortos, ya que el recién nacido no puede moverse libremente en ella. Ata siempre a tu bebé y lo ideal es que cuentes con un arnés que tenga una cincha entre las piernas que evite que se deslice hacia abajo. Jamás pongas la hamaca en altura (por ejemplo, en una mesa), ya que, en caso de movimientos bruscos, corre el riesgo de caerse y, con ella, tu querido hijo.

El puf especial para bebé es un objeto muy cómodo para el pequeño, pero se aconseja utilizarlo solo para breves momentos (alrededor de diez minutos), ya que no le permite moverse como quiere.

En cuanto a los juegos, para el primer mes, opta por objetos con un contraste blanco y negro, en vez de que tengan diversos colores, ya que el recién nacido todavía no los diferencia. Los móviles de cuna forman parte de los primeros juegos que se pueden dar a un bebé. El modelo más adaptado para los más pequeños, que se usará hacia las 3 semanas, es el móvil Munari, con una bola de cristal y formas geométricas blancas y negras que tú mismo puedes elaborar. Hacia las 6 semanas, podrás ofrecerle a tu hijo un móvil de cuna con los tres colores primarios.

Escoge también juguetes de primera infancia que hacen sonidos y música para estimular los sentidos de tu bebé.

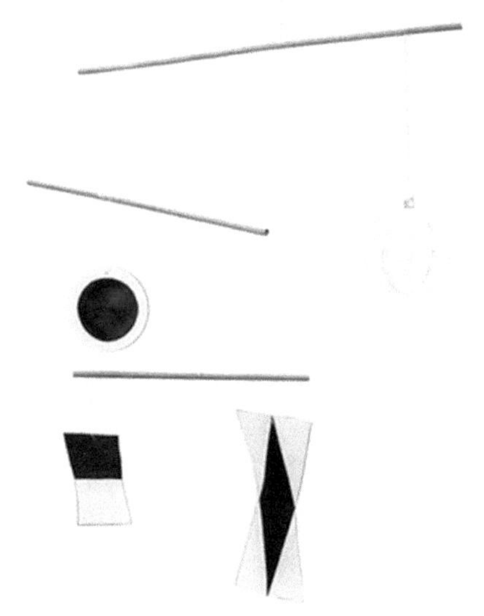

| El móvil Munari.

EL PASEO

Si quieres llevar tu recién nacido a tomar el aire, tendrás que procurarte un carrito. Evidentemente, existen multitud de modelos diferentes, pero, en función de tu presupuesto, intenta comprar el que dispone de todas las funciones que podrías necesitar: espacio para guardar cosas, posibilidad de meterlo en el maletero del coche, desplazamientos facilitados en los transportes en común, paseos por el campo o en aceras no demasiado anchas, etc. Comprueba su manejabilidad, el confort del niño, la posibilidad o no de inclinar el respaldo, la mayor o menor facilidad para plegar el chasis, etc. Además, compra los accesorios adecuados en función del tiempo: parasol para el calor, protección para la lluvia, mosquitera en verano y folgo (saco forrado en la que meter el bebé) con el frío.

El portabebés o fular, cuyo uso cada vez se recomienda más por las ventajas para el bebé de transportarlo de esa manera, también pueden servir para el paseo. En cualquier caso, tendrás que respetar las normas de peso de los distintos modelos, vigilar la postura correcta y la buena sujeción del recién nacido. Lo ideal para aprender a utilizarlos correctamente es participar en sesiones de información.

También tendrás que pensar cómo transportarlo en coche. Legalmente, los niños tienen que viajar con un sistema de retención. En cualquier caso, sea cual sea el tipo de asiento para coche (o cama para coche) que elijas, debe estar homologado a las normas europeas. Ante todo, el tipo de asiento tiene que adaptarse a la estatura y al peso del niño. Por esa razón, los asientos se clasifican en grupos (por ejemplo, el grupo 0+ servirá para un recién nacido desde su nacimiento hasta los 13 kilogramos) y es fundamental respetarlo. El asiento debe poder fijarse correctamente en el coche, y el niño tiene que ir atado respetando las instrucciones.

Existen dos tipos de sistemas: i-Size e ISOFIX, que no son obligatorios, pero que ofrecen una seguridad adicional con respecto a los asientos que se atan simplemente con el cinturón: el sistema ISOFIX permite instalar el asiento para el coche directamente en la estructura del vehículo, mientras que el sistema i-Size permite instalar al bebé en la parte delantera, dando la espalda a la carretera. Sirve hasta los 15 meses y ofrece una protección máxima.

Antes de comprarlo, evalúa el peso del asiento, ya que tendrás que transportarlo con frecuencia, añadiendo el peso del niño, y eso hará que a veces resulte muy pesado.

Cuando tu bebé llegue

- Lo más seguro es instalar el asiento en la parte trasera, en medio, ya que el niño corre menos riesgos en caso de que se produzca un accidente y, sobre todo, en caso de un choque lateral. Sin embargo, los asientos traseros deben tener un sistema de fijación adecuado. Además, se trata del lugar al que resulta más difícil acceder, lo que puede desalentar a la hora de dejar a tu pequeño tesoro solo...
- Puedes colocar al recién nacido en la parte delantera del coche si está bien atado y si el airbag del pasajero está desactivado.
- Intenta poner siempre las cinchas del asiento a ras del cuerpo de tu hijo y tensas. No puede haber más de un dedo

de separación. Lo mismo ocurre con una cama para coche, donde el bebé debe ir atado en el capazo.

UNA NUEVA VIDA A TRES

EL NACIMIENTO

¿Tus contracciones se producen a intervalos regulares y con un ritmo sostenido durante al menos una hora? ¿Has roto aguas? Es hora de que acudas al hospital.

Cuando entres en la sala de maternidad, el obstetra o una comadrona te examinarán y te colocarán un monitor. Según los resultados, decidirán que te quedes o no. Si empieza la labor, te colocarán en una habitación. Te propondrán una anestesia epidural. En general, una persona (ya sea la pareja o un ser cercano) puede quedarse junto a la futura mamá hasta el momento del parto.

PEQUEÑO PLUS

Muchas veces, a la otra parte de la pareja le gustaría evitar el momento del parto, ya que lo percibe como una vivencia traumática, violenta, en la que se siente inútil e impotente para aliviar el dolor de la futura madre. Por lo tanto, el hecho de asistir o no al nacimiento debe ser una decisión libre y pensada. Para ayudar a un futuro progenitor a superar sus miedos, es aconsejable que acompañe a su pareja a las sesiones de preparación para el parto.

Cuando el cuello está completamente dilatado, ha llegado el gran momento del parto. Entonces, te llevarán al paritorio y te pedirán que empujes con cada contracción. ¡Por fin sale el bebé! Se corta el cordón umbilical y, muy a menudo, te colocarán al recién nacido encima del vientre para un primer contacto de la piel, un momento valioso que permite al bebé experimentar ciertas sensaciones que notaba cuando todavía estaba en el útero (el pulso de tu corazón, tu calor corporal, el balanceo, etc.) y, de esta manera, le permite vivir lentamente y de manera reconfortante su llegada al mundo exterior. A continuación, se despega la placenta y se expulsa: es el alumbramiento.

Tras el parto, la comadrona se llevará a tu bebé para un primer chequeo (exploración del tono muscular, de la respiración, del ritmo cardiaco, de la coloración de la piel, de los reflejos). Después, por lo general, se propone a la madre que lo amamante por primera vez.

LA IMPORTANCIA DE LOS PRIMEROS VÍNCULOS

En los primeros días, semanas y meses tras la llegada del bebé, crearás lo que se llama un «estilo de apego» con él, en función de cómo le hablas, lo miras o respondes a sus señales.

Estas interacciones verbales y no verbales con los progenitores favorecen el llamado desarrollo «seguro» (es decir, estos inter-cambios permiten que el niño desarrolle un gran sentimiento de seguridad) de tu bebé. Por lo tanto, prestadle mucha atención, ya que los bebés sienten con mucha intensi-dad las emociones externas y comprenden desde muy temprano lo que se les dice.

Probablemente, te quedarás tres o cuatro días en la sala de maternidad o, a veces, incluso más, como en el caso de las cesáreas. Cada día, un pediatra verá a tu bebé y tú también podrás disfrutar de cuidados. Esta estancia te permitirá descubrir a tu hijo; podrás pedir consejo acerca de los cuidados que se le deben dar, la forma de amamantarlo, etc. Intenta descansar antes de volver a casa y limita las visitas.

LA BIENVENIDA A CASA

Por fin has vuelto a tu domicilio. Tanto tu pareja como tú estáis un poco cansados, rebosáis de preguntas y os preguntáis cómo vais a poder superar esta prueba, con ese bebé que llora y que ha nacido sin un manual de instrucciones. No os preocupéis, no hay parejas infalibles y, poco a poco, os sentiréis cada vez más a gusto en vuestro papel de padres. Aprenderéis a conocer a vuestro recién nacido, a interpretar sus necesidades, sus deseos y su personalidad.

La llegada de un nuevo bebé modifica la dinámica de la pareja. El bebé ocupa un lugar central en la familia y requiere mucha atención y cuidados las primeras semanas. Por consiguiente, los momentos de intimidad de los dos son menos frecuentes. Aunque la otra mitad de la pareja se ha comprometido durante el embarazo preparando la habitación, acudiendo a las ecografías y a las sesiones de preparación para el parto e, incluso, ha podido sentir cómo se mueve el futuro bebé, no es hasta el parto cuando descubre realmente a su hijo, mientras que la mamá ya tiene toda una experiencia común con él. También tiene miedos y se hace preguntas, por lo que la baja de paternidad le permitirá descubrir a su niño y apoyar a su pareja. Para que todo vaya bien, ambos tienen que hablar de sus expectativas, de sus posibilidades a la hora de implicarse, y deben estar atentos a las necesidades del otro. También es fundamental tener momentos de pareja en los que puedan reencontrarse, relajarse, salir, etc.

RETOMAR EL TRABAJO

Desde muy pronto durante tu embarazo, tendrás que elegir cómo cuidarás a tu recién nacido. Habla con la gente a tu alrededor; otros padres podrán aconsejarte. Elige un lugar cerca de tu domicilio, que tenga horarios compatibles con los tuyos. Reúnete con las personas que se ocuparán de tu bebé, lee el proyecto de acogida y la normativa. Comprueba que la guardería o el jardín de infancia estén bien homologados. Escoge un lugar en el que seas bien acogido y donde te enseñen todo. Matricula a tu hijo en una lista de espera a partir del cuarto mes de embarazo.

Cuando vuelvas a trabajar, será necesario un pequeño periodo de adaptación (y, quizás, principalmente para ti). Sobre todo, no dramatices. No olvides que tu bebé percibe las emociones. Retomar el trabajo es un momento normal en tu vida, y así debes vivirlo.

Confía en la persona que se ocupará de tu hijo. Deja que tu bebé experimente otras cosas. Háblale y no dudes en decirle que estás triste por tener que separarte de él durante unas horas. No te olvides de despedirte de él. Por la tarde, cuando vayas a buscarlo, dile lo feliz que eres de poder cogerlo de nuevo y dale tiempo para volver a encontrar sus puntos de referencia en la vivienda. Pon junto a tu bebé su objeto transicional que llevará consigo y que servirá de vínculo entre la casa y el establecimiento que lo guarde. Si la separación es un poco difícil, el hecho de darle una prenda que hayas llevado (como, por ejemplo, un fular) podrá tranquilizarlo.

Tal y como hemos explicado previamente, los bebés entienden desde su nacimiento lo que les cuentas. Hablarles es fundamental; así pues, no dudes en explicar a tu lactante lo que estás haciendo (el baño, el biberón, la muda, las comidas, la guardería, quién vendrá a buscarlo por la tarde, etc.). Esas interacciones lo tranquilizan y permitirán instaurar un sentimiento de seguridad a pesar de la separación.

PREGUNTAS FRECUENTES

¿CUÁNDO LE COMUNICO A MI JEFE QUE ESTOY EMBARAZADA?

En cuanto una asalariada sabe que está embarazada, le conviene avisar a su jefe, ya que se pondrán en marcha distintas medidas de protección legal a partir de ese momento para preservar su salud y la de su futuro bebé, mientras se le garantizan unas buenas condiciones de trabajo.

Para informar a su jefe, la futura mamá podrá enviar un certificado médico (en el que mencione su embarazo y la fecha prevista del parto) por carta certificada, o se lo entregará en mano pidiéndole un acuse de recibo.

A partir de ese momento, entrarán en vigor:

• la posibilidad de acudir a las revisiones médicas prenatales que no pueden tener lugar fuera de las horas de trabajo;

- un periodo de protección especial contra el despido que se aplicará hasta nueve meses después del nacimiento;
- la posibilidad de negarse a hacer horas extra, siempre que exista un informe médico que avale esta decisión;
- la posibilidad de eliminar los horarios nocturnos si existe un riesgo para la madre o para el feto;
- una evaluación del riesgo que corre la trabajadora embarazada; en caso de que sea necesario, esto permitirá adaptar las condiciones de trabajo (como un cambio de puesto, por ejemplo) o del tiempo de trabajo e, incluso, suspender la ejecución del contrato de trabajo.

¿CÓMO ELIJO A MI PEDIATRA?

El pediatra es el médico especialista de la infancia y de la pequeña infancia. En algunas salas de maternidad, se requerirá su presencia durante el parto. Por lo tanto, tendrás que pensar en ello durante el embarazo. Para escogerlo, hazte algunas preguntas:

- ¿Quieres que sea empleado de un hospital de tu región?

- ¿Prefieres un hombre o una mujer?
- ¿Importa su edad?
- ¿Deseas un pediatra que practique una medicina alternativa, como la homeopatía?

Pregunta a tus conocidos, ya que el boca a boca es lo que mejor funciona para encontrar un buen pediatra. En particular, háblalo con tu médico de cabecera, que también podrá aconsejarte. Por otra parte, tu generalista podrá ocuparse igualmente de tu recién nacido. Además de las competencias médicas, hay que tomar en cuenta algunos criterios.

- Elige un pediatra que no esté demasiado lejos de tu casa para evitar largos desplazamientos a tu bebé, ya que seguramente tendrás que acudir una vez al mes durante el primer año.
- Comprueba la disponibilidad del pediatra:
  - el tiempo necesario para tener una cita;
  - el tiempo de espera antes de la consulta;
  - la posibilidad de atender de urgencias a tu hijo.
- La calidad humana del pediatra es muy importante, ya sea en su relación con los padres o en su comportamiento con el recién nacido. Es fundamental que se instaure un clima de

confianza, puesto que el pediatra no solo se preocupará de la salud de tu hijo y prestará atención a su desarrollo, sino que también escuchará tus propias inquietudes.

En España, la sanidad está descentralizada, lo que quiere decir que cada comunidad autónoma gestiona el sistema de salud pública. Aun así, y hasta la fecha, la atención para los niños es gratuita. Estas consultas no solo tienen el objetivo de curar a menores enfermos, sino que permiten promover, seguir y preservar la salud y el desarrollo armonioso del niño. Los pediatras y los médicos generalistas procederán a vacunarlos, a pesarlos y a detectar trastornos como los del oído o los de la vista. En caso de que surja un problema, podrán reorientar a los padres y responder a las preguntas que plantean.

¿CUÁNDO MATRICULO A MI BEBÉ EN LA GUARDERÍA?

Lo mejor es hacerlo lo antes posible, a partir del tercer o cuarto mes de embarazo, puesto que, muy a menudo, la demanda es superior a la oferta de plazas.

Tienes que saber que la matrícula no es una admisión: el futuro bebé pasa a una lista de espera. No dudes en contactar la guardería con frecuencia (por ejemplo, una vez al mes) para confirmar la inscripción y tu motivación. La admisión solo se efectuará cuando se libere una plaza y cuando tu hijo sea apto para ir al jardín de infancia (vacunas al día, etc.).

¿CÓMO SUPERO LA TRISTEZA POSPARTO?

Tres o cuatro días después del parto, cuando piensas que no podrías estar más feliz, te sientes triste y lloras sin motivo aparente, estás irritable, te sientes superada, incompetente... Es la tristeza posparto. Es tan frecuente que se considera algo normal. Se debe al cansancio, unido a una bajada drástica de las hormonas tras el parto en un contexto emocional fuerte. Generalmente, no dura más de quince días.

• No te quedes sola, pide ayuda sin sentirte culpable: permite que te ayuden tu pareja, tu familia o tus amigos, que lograrán que descanses preparando alguna comida, haciendo

la compra o encargándose de alguna tarea doméstica.
- Atrévete a hablar de ello. Acepta que puedes desmoronarte y llorar. Expresa tus sentimientos.
- Súmate al ritmo de tu recién nacido. Aprovecha cuando duerme para descansar. Respeta tus límites.
- Restringe las visitas que te cansan.
- Coge confianza: asume que tienes derecho a dudar y a tantear a este bebé que estás descubriendo; ser padre no es innato. En seguida adquirirás los gestos adecuados para ocuparte de tu bebé.
- El yoga, la relajación y la sofrología pueden ayudarte.

Si la tristeza posparto dura más de quince días a tres semanas, háblalo con tu médico, ya que entre un 10 y un 20 % de las madres desarrollan una depresión posparto cuyo tratamiento pasa a ser medicamentoso y psicológico.

¿CÓMO ME ORGANIZO SI TENGO GEMELOS?

No solo tienes que cuidar a un bebé, sino a dos. ¿Cómo hacerlo? La clave siempre es la misma: la organización.

- Prevé el material por duplicado. Para el paseo, existen carricoches y cochecitos dobles. Almacena grandes reservas de pañales, de ropa y de biberones. Opta por dos juegos de biberones de colores diferentes que te permitirán saber rápidamente qué ha tomado cada lactante.
- La utilización de una libreta o de una tabla donde anotarás una lista puede servirte de gran ayuda para acordarte de quién ha tomado qué y a qué hora (amamantamientos, medicamentos...), sobre todo en caso de cansancio, cuando uno puede olvidarse fácilmente. Hoy en día, existen también aplicaciones muy útiles, como Baby Care, Baby Manager o Nestlé Bebé.
- Copia todo lo que puedas el ritmo de tus hijos para poder descansar entre dos momentos de agitación.

- La implicación de ambos progenitores es fundamental, ya sea para los cuidados que hay que dar a los bebés o para las tareas domésticas. Pero no olvides reservar tiempo para ti y para tu pareja, ya que el frenesí de tu día a día puede hacerte olvidar a tu cónyuge y acabar con tu intimidad.
- Si tienes gemelos auténticos y te da miedo confundirlos, pon un poco de pintauñas en los dedos del pie de uno de los dos. Pero, tranquila, en seguida lograrás distinguirlos.
- Si sois dos para alimentar a los bebés, intentad cambiar de lactante una de cada dos veces, ya que ambos necesitan el contacto materno durante la alimentación.
- Si amamantas a tus hijos y tienen hambre a la vez, haz esperar al que te parece más paciente; pero debes saber que algunas madres logran dar el pecho a ambos a la vez.
- En cambio, para cambiar el pañal y para el aseo, no intentes hacerlo todo al mismo tiempo. Ocúpate de uno y, después, del otro.
- Si tus recién nacidos lloran en el mismo momento, tranquila, no te sientas culpable: en seguida tus lactantes aprenderán a esperar.

En España, en caso de parto gemelar, la madre tiene derecho a una baja de maternidad más larga. Ocurre lo mismo si uno de tus niños debe ser hospitalizado durante más de una semana. En otros países, como Francia, la legislación es un poco distinta. La duración de la baja de maternidad varía en función del número de hijos a su cargo. En caso de hospitalización del recién nacido, la mamá puede fraccionar su baja de maternidad retomando el trabajo y posponiendo el final de su baja cuando el bebé sale del hospital. También existen soluciones de apoyo que, a menudo, están subvencionadas, como una ayuda familiar a domicilio o asociaciones de ayuda en caso de embarazo múltiple.

NO LOS TRATES COMO CLONES

- Evita los nombres que se parecen demasiado (por ejemplo, Tim y Tom) y la ropa idéntica, ya que esto puede generar problemas a la hora de que cada uno desarrolle su propia personalidad y encuentren su propia identidad.
- No te dirijas a ellos siempre en el mismo orden para no desvalorizar a uno.

- No los llames «los gemelos» o «las gemelas», ya que verse asociado al hermano puede generar la frustración de sentir que no lo reconocen como una persona integral.

¿QUÉ PASARÁ SI MI BEBÉ ES PREMATURO?

Si tu bebé nace antes de las treinta y siete semanas de embarazo, es considerado prematuro. En caso de una gran prematuridad, se requiere la presencia de un pediatra durante el parto para que pueda ocuparse del recién nacido desde su nacimiento. Entonces, el bebé prematuro será transferido a un servicio de neonatología, donde lo pondrán en una incubadora bajo vigilancia. Si la inmadurez es demasiado grande, necesitará un respirador, será alimentado a través de una sonda gástrica o por vía intravenosa, su corazón será monitorizado y lo pondrán bajo una lámpara en caso de que el recién nacido sufra de ictericia (piel amarilla). Por supuesto, podrás visitarlo y cogerlo en brazos en cuanto sea posible. Mientras tanto, no dudes en hablarle, en tocarlo, en regalarle un objeto transicional o un pañuelo que lleve tu olor. Si lo deseas, llévale leche materna.

Muchos bebés prematuros pueden abandonar el hospital más o menos cuando llega la fecha del parto prevista inicialmente. Si tu hijo es considerado gran prematuro, un pediatra del hospital seguirá revisando regularmente al bebé para poder elaborar chequeos que permitirán identificar un posible retraso psicomotor, un problema sensorial, etc.

¿CUÁLES SON LAS VACUNAS OBLIGATORIAS PARA LOS BEBÉS?

El principio de las vacunas es introducir en el organismo un agente externo (el antígeno) que estimulará la producción de anticuerpos que le permitan protegerse de una infección sin que ello provoque la enfermedad. Las vacunas ofrecen también una protección colectiva, puesto que cuanto más generalizada sea la vacunación, menos posibilidades existen de que se propague el microbio.

En España, existe un calendario de vacunaciones sistemáticas que incluyen hepatitis B, difteria, tétanos, tosferina, poliomielitis, neumococo, meningococo C, sarampión, rubeola y parotiditis, varicela, virus del papiloma humano y *haemophilus influenzae* tipo b. Esto es especialmente recomendable si, antes de los 3 años, tu niño acude a guardería.

Así, tu recién nacido recibirá su primera vacuna a los 2 meses y seguirá el calendario de vacunaciones recomendado por tu pediatra.

¿CÓMO PREPARO A LOS HERMANOS Y HERMANAS PARA LA LLEGADA DEL BEBÉ?

Para anunciar tu nuevo embarazo a tu hijo mayor —a partir del cuarto mes—, explícale, cuando estéis a solas y con palabras sencillas, que está en camino un hermanito o una hermanita. Cuéntale que él también estuvo dentro del vientre de mamá. Si tienes fotos de ecografías de esa época, enséñaselas y muéstrale también fotos de cuando era un recién nacido. En efecto, en su cabeza, un hermanito o una hermanita significa tener un compañero de juegos; le resulta difícil imaginar lo que es un bebé. Existen igualmente bonitos libros que podéis hojear juntos en los que se explica el embarazo a los niños.

Dile que este nacimiento tendrá consecuencias en toda su vida, sin llegar a atemorizarlo. Muéstrale tu afecto con caricias, ya que en seguida comprenderá que ya no estás tan pendiente de él como antes. Deja que participe en la decoración de la habitación, en la elección de la canastilla (conjunto de ropa de bebé), etc. Cuanto más implicado se sienta, menos podrá sentirse celoso. Ayúdalo a expresar todas esas emociones y acéptalas, incluso si te resulta duro escuchar algunas ideas. Es lo que siente tu hijo.

La fase de celos es natural. Puede manifestarse a partir del embarazo o, incluso, varias semanas después del nacimiento. En ese caso, los padres deben ayudar a su hijo mayor a dar un paso importante. No sirve de nada reñirlo y hacer que se sienta culpable, ya que el niño está sumido en el dolor y necesita que lo tranquilicen y sentirse amado. Dile que tiene el derecho de no amar a ese recién nacido al que todavía no conoce, pero que sus padres siguen amándolo igual y tienen un corazón lo suficientemente grande para todos sus hijos. Cuando llegue el parto, es importante que pueda venir a verte a ti y al recién nacido lo antes posible para que no tenga el sentimiento de estar excluido. Durante ese periodo, tejerá lazos privilegiados con el otro progenitor que le permitirán acceder al estatus de «mayor» y que confirmareis mostrándole la confianza que depositáis en él (dejándole llevar al bebé en brazos —bajo discreta vigilancia—, dejando que te ayude al proporcionarle cuidados al bebé, etc.).

PEQUEÑO PLUS

Reserva tiempo para tu hijo mayor, sin atender a tu lactante durante vuestras actividades juntos. Intenta hacer algunas actividades solo con él (jugar, leer, llevarlo al cine, a la piscina, pasear, ir en bici, cocinar...). Estos pequeños momentos son fundamentales, ya que permiten que el niño se sienta parte de la familia, amado, considerado y no excluido y apartado con la llegada de ese intruso.

¿CÓMO PREPARO A MI PERRO PARA LA LLEGADA DEL BEBÉ?

Para que tu perro no se sienta celoso y se muestre agresivo con tu bebé, es mejor que lo prepares, sobre todo si se trata de tu primer hijo y si, hasta ese momento, el animal acaparaba toda tu atención.

Antes de volver de la sala de maternidad, haz que cada día le traigan una prenda con el olor del lactante para que tu perro se vaya acostumbrando a su olor. Cuando lleguéis a casa, deja que se acerque y olisquee a tu bebé bajo estrecha vigilancia (y con la prohibición de que lo lama) para que lo reconozca, mientras le hablas suavemente y lo acaricias.

PARA IR MÁS ALLÁ

FUENTES BIBLIOGRÁFICAS

- Geberowicz, Bernard y Florence Deguen. 2007. *On attend un nouveau bébé*. París: Albin Michel.

- Parmentier, Benoît, dir. 2015. *Le matériel de bébé, petit guide pour bien choisir*. Bruselas: ONE. Consultado el 14 de diciembre de 2017. http://www.one.be/uploads/tx_ttproducts/datasheet/Brochure_materiel_de_bebe_ONE_03.pdf

- Monceau, Véronique. 2012. *Bébé et moi — L'essentiel de ce qu'il faut savoir pour bien l'attendre, l'accuei-llir, l'accompagner*. s. l.: CreateSpace Independent Publishing Platform

- Place, Marie-Hélène. 2012. *60 activités Montessori pour mon bébé*. París: Nathan.

- Planiol, Françoise y Élisabeth Raoul. 1996. *NEUF MOIS pour préparer sa naissance*. Vanves: Hachette.

- van der Kaa, Dominique. 2015. *Aprende a estimular a tu bebé. Las claves para desarrollar los sentidos del lactante*. Traducido por Laura Soler Pinson. Bruselas: Plurilingua Publishing, colección *50Minutos.es - Salud y bienestar*.

FUENTES COMPLEMENTARIAS

- Jumeaux & co, "Parents jumeaux Belgique".
  2011. Consultado el 14 de diciembre de 2017.
  http://jumeauxandco.com/g-amis-jumeaux/
  parents-jumeaux-belgique/

- Service public fédéral Emploi, Travail et
  Concertation sociale, "Protection de la maternité".
  Consultado el 14 de diciembre de 2017. http://
  www.emploi.belgique.be/defaultTab.aspx?id=637

www.50Minutos.es

ISBN ebook: 9782806299611

ISBN papel: 9782806299628

Depósito legal: D/2017/12603/391

Libro realizado por Primento, el socio digital de los editores